CHARLES ROMAGNY

GUERRE FRANCO-ALLEMANDE

1870-1871

ATLAS

COMPRENANT 18 CARTES-CROQUIS EN DEUX COULEURS

PARIS | LIMOGES
11, PLACE SAINT-ANDRÉ-DES-ARTS | 46, NOUVELLE ROUTE D'AIXE, 46

HENRI CHARLES-LAVAUZELLE

LIBRAIRE-ÉDITEUR

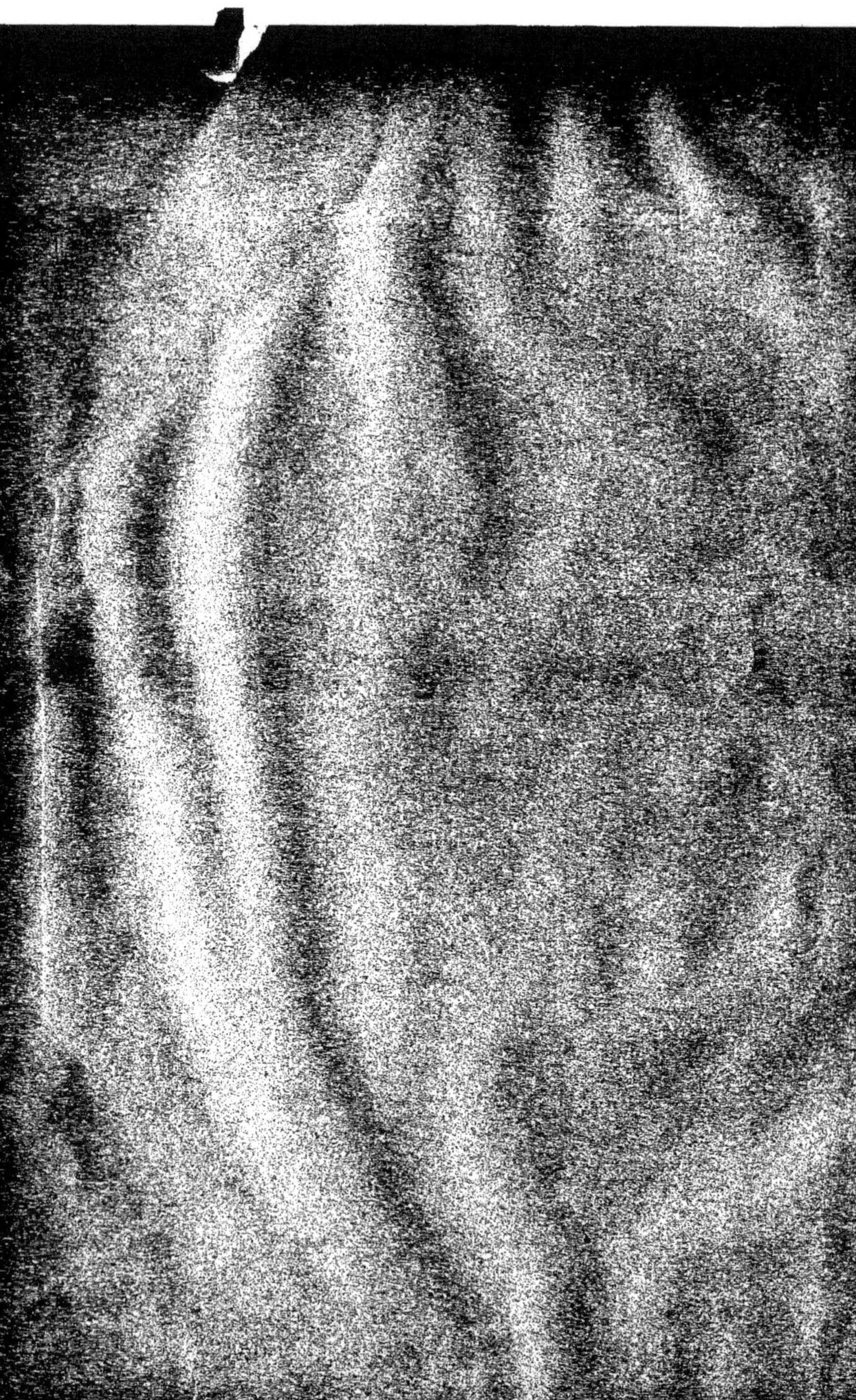

ARMÉE DU RHIN — EN ALSACE ET EN LORRAINE

1

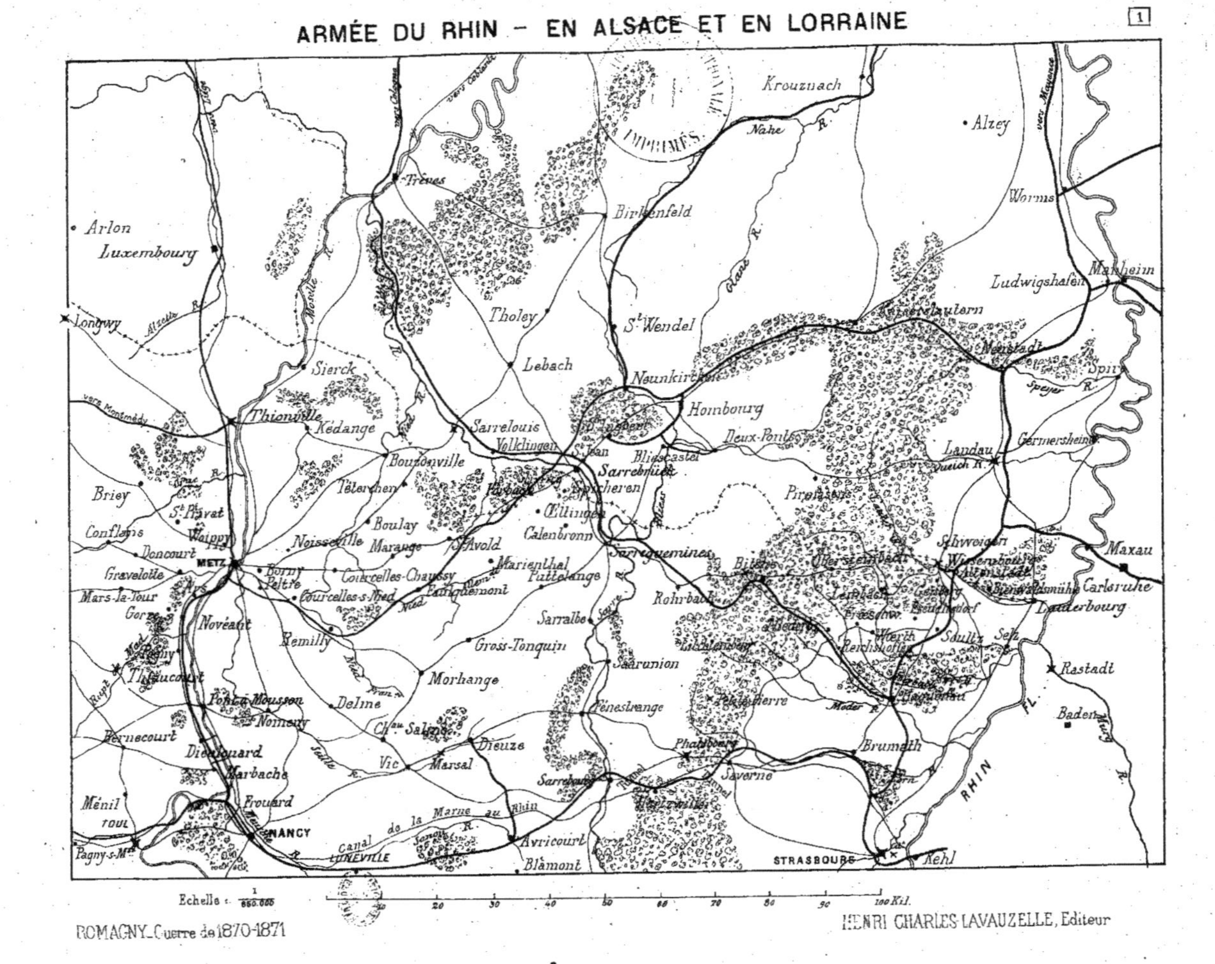

ROMAGNY_Guerre de 1870-1871

HENRI CHARLES-LAVAUZELLE, Editeur

FRŒSCHWILLER

2

Langensoultzbach
vers Lembach
Neehwiller
Soultzbach
Görsdorf
Frœschwiller
Wœrth
vers Soultz
Diffenbach
Reichshoffen
Elsasshausen
Calvaire
Sauer R.
NIEDERWALD
Spachbach
Albrechtshauserhof
Gunstett
Eberbach
Eberbach R.
Morsbronn
Sauer R.
Forstheim
Dürrenbach
Bieber R.
vers Saverne
Echelle au 1/80 000
1000 2000 3000 4000 5000 6000 7000 8000 m.

FORBACH

Volklingen
Wehrden
Sarre R.
Klarenthal
Sarrebrück
S.t Jean
Rossel
Klein-Rossel
Gross-Rossel
Alt-Stiring
Stiring-Wendel
S.t Arnual
Verrerie S.te Sophie
KANINCHENBERG
Forbach
Spicheren
GIFERTWALD
STIFTSWALD
PFAFFENBERG
Emmersweiler
Morsbach
Oettingen
Merlebach
PLATEAU DE CALENBRONN
Blindersdorf
vers Metz
Bening
Calenbronn
Sarreguemines
vers Bitche
Marienthal
Puttelange
Echelle au 1/200 000
1000 2000 3 4 5 6 7 8 9 10,000 m.

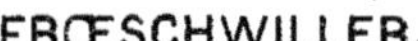

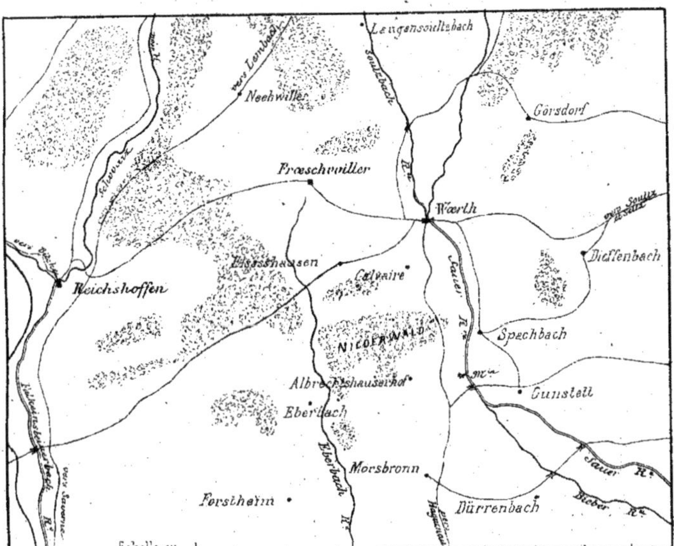

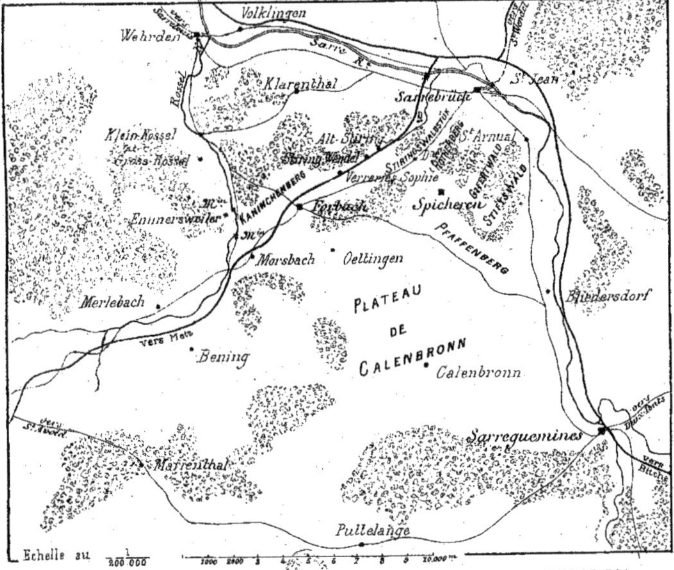

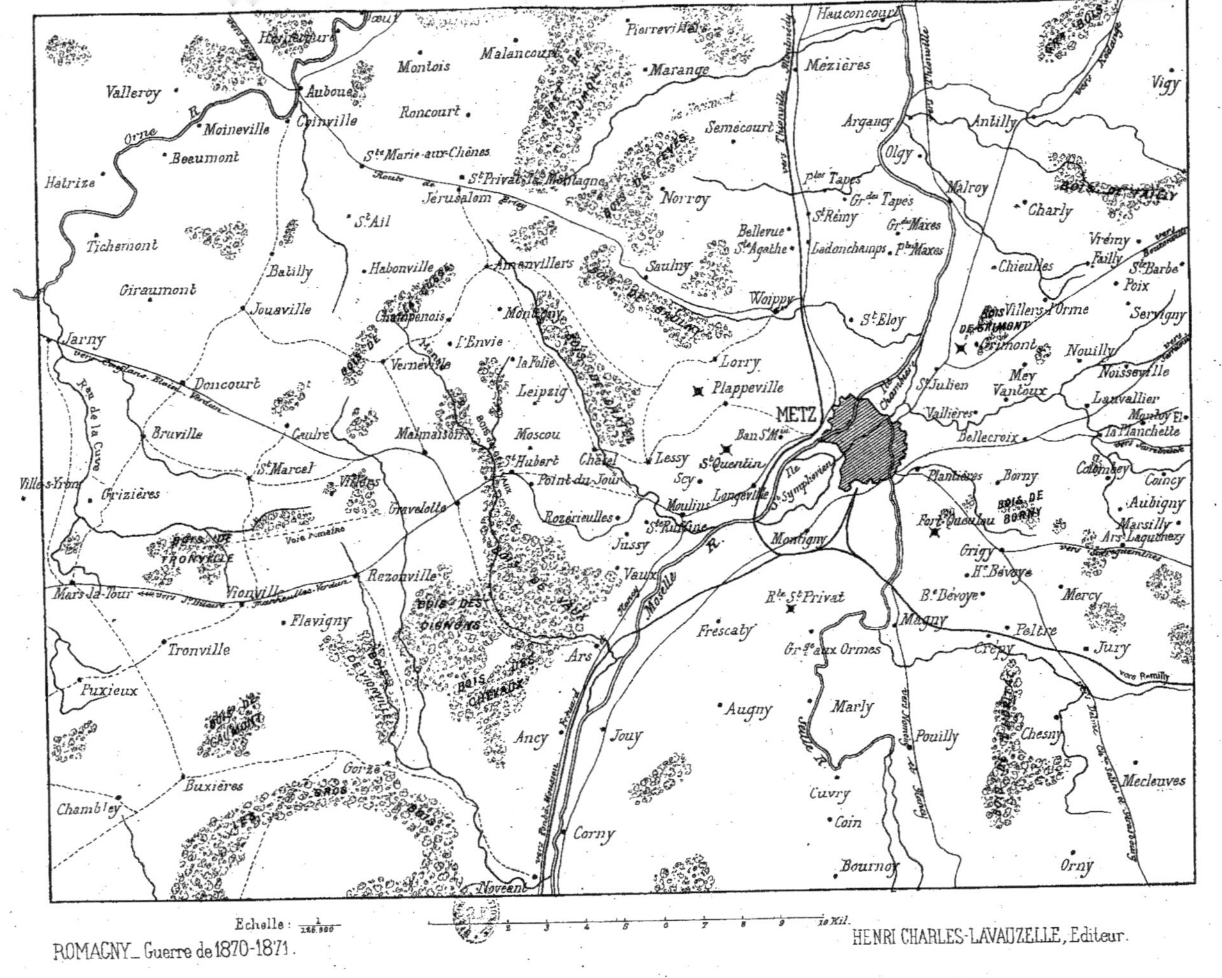

Echelle : $\frac{1}{125.000}$

2 3 4 5 6 7 8 9 10 Kil.

ROMAGNY_ Guerre de 1870-1871.

HENRI CHARLES-LAVAUZELLE, Editeur.

ARMÉE DE CHALONS

Echelle : $\frac{1}{860.000}$

10 20 30 50 60 70 80 90 100 Kil.

ROMAGNY_ Guerre de 1870-1871

HENRI CHARLES-LAVAUZELLE, Editeur

SEDAN

5

Echelle : 1/100.000
5 Kil.
BOIS DE LA FALIZETTE
FORÊT DES ARDENNES
Fleigneux
Olly
la Chapelle
S.t Menges
S.t Albert
Illy
Calvaire
Vrigne-aux-Bois
Vivier au Court
Iges
Montimont
BOIS DE LA GARENNE
la Garenne
Ploing
Givonne
Villers-Cernay
Cazal
Villette
Canal
Glaire
SEDAN
Daigny
BOIS DE LA CHEVALIER
Francheval
Vrigne Meuse
Torcy
Fond de Givonne
Donchery
Ch.au de Bellevue
Rubécourt
Dom-le-Mesnil
Frénois
Balan
la Moncelle
Wadelincourt
Villers
Meuse
Bazeilles
R.te de Carignan Montmédy
BOIS DE LA MARFÉE
Pont-Maugis
Douzy
Chevenges
Chiers
Noyers
Aillicourt
S.t Aignan
Bar
Chaumont
Remilly
Mairy
P.t Remilly
Chéhéry
Romagny. Guerre de 1870-1871
Henri-Charles-Lavauzelle, Éditeur
BEAUMONT
Amblimont
Mouzon
R.te de Stenay
F.e Givodeau
Villemontry
Alma
Létanne
Pouilly
Wamme
Beaulieu
Mairy
Faub.g
Poncey
MONT DE BRUNE
la Sartelle
la Harnoterie
BEAUMONT
P.t Forêt
Tuilerie
Belle-Volée
Belle-Tour
Hospice
Beauséjour
Villers
Pourron
le Gros
Yoncq
la Thibaudine
P.t Remilly
Autrecourt
Warniforêt
la Besace
Remilly
Raucourt
vers Stonne
Echelle 1/100.000
1 Kil.
Romagny. Guerre de 1870-1871
Henri-Charles-Lavauzelle, Éditeur

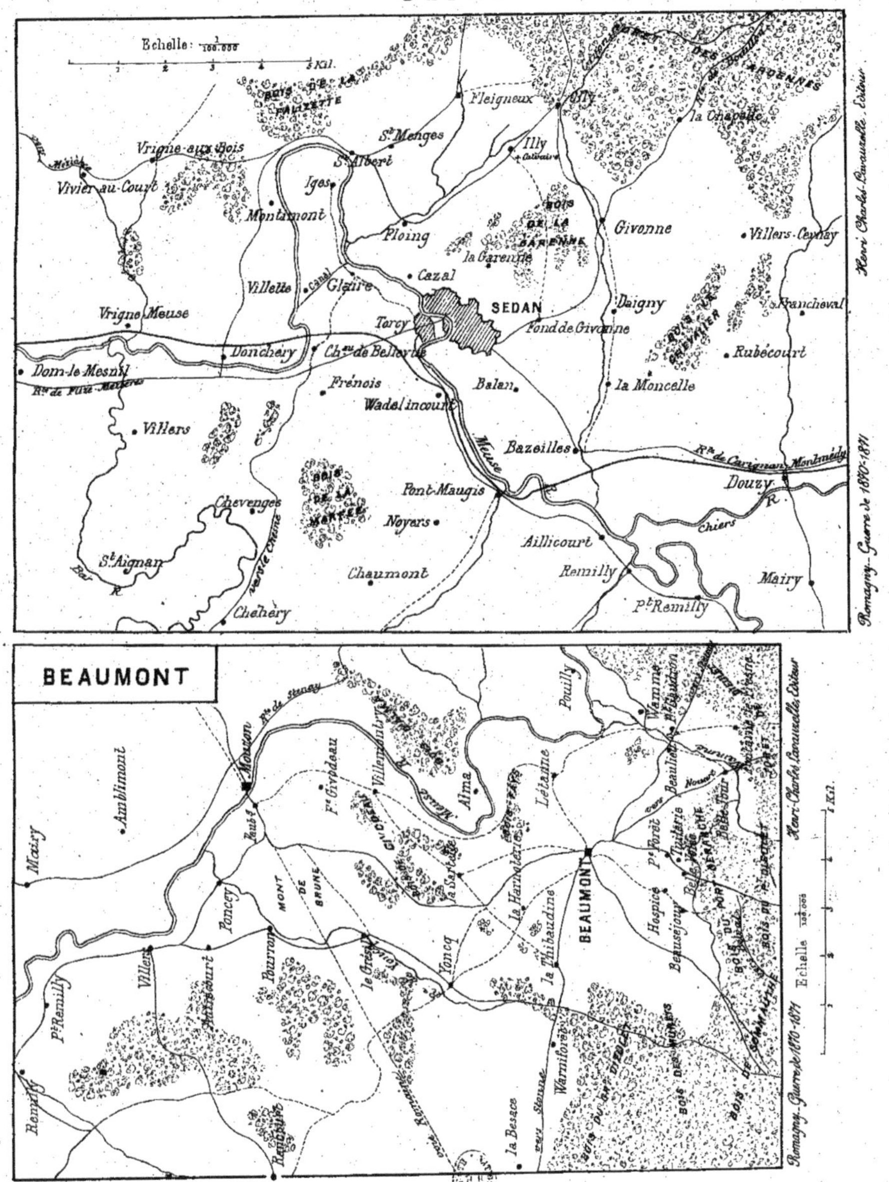

ARMÉES DE LA LOIRE

6

CHARTRES
ETAMPES
Milly
FONTAINEBLEAU
Morot
Seine Fl.
Illiers
Angerville
Malesherbes
Nemours
vers Montereau
vers Sens
Voves
Brou
Allaine
Janville
Toury
Pithiviers
Bonneval
Orgères
Beauvilliers
Santilly
Baigneaux
Ch^au Landon
Loigny
Lumeau
Boynes
Beaumont
Villepion
Poupry
Courcelle
CHÂTEAUDUN
Artenay
Chilleurs
Beaune-la-Rolande
Droué
Patay
St Lyé
Neuville
Chambon
Mainières
Cloyes
St Péravy
Chevilly
Ladon
MONTARGIS
Prénouvellon
St Sigismond
Gidy
Bellegarde
Cheminiers
Les Barres
Cercottes
Charsonville
Rosières
Ormes
Coulmiers
Saran
vers le Mans
Morée
Binas
Ouzouer
ORLÉANS
Fréteval
Écoman
Vallière
Baccon
la Chapelle
St Jean
Lorris
Lisle
Viévy
St Laurent
Olivet
Jargeau
Châteauneuf
VENDÔME
Oucques
Marchenoir
Cravant
Lorges
Messas
Meung
Bel-Essort
Josnes
Villorceau
Châtillon
Selommes
Beaugency
Tavers
Maves
Sully
Ouzouer
Pontijoux
Loire Fl.
St Amand
Mer
la Ferté St Aubin
Gien
Isdes
Briare
Ch^au Renault
BLOIS
Herbault
Chambord
la Motte-Beuvron
Vienne
Châtillon
vers Bourges
Bracieux
Argent
Salbris

Romagny. Guerre de 1870-1871

Echelle : $\frac{1}{650.000}$

5 10 15 20 25 30 35 40 45 50 Kil.

Henri Charles-Lavauzelle, Éditeur.

DEUXIÈME ARMÉE DE LA LOIRE — DU LOIR AU MANS 7

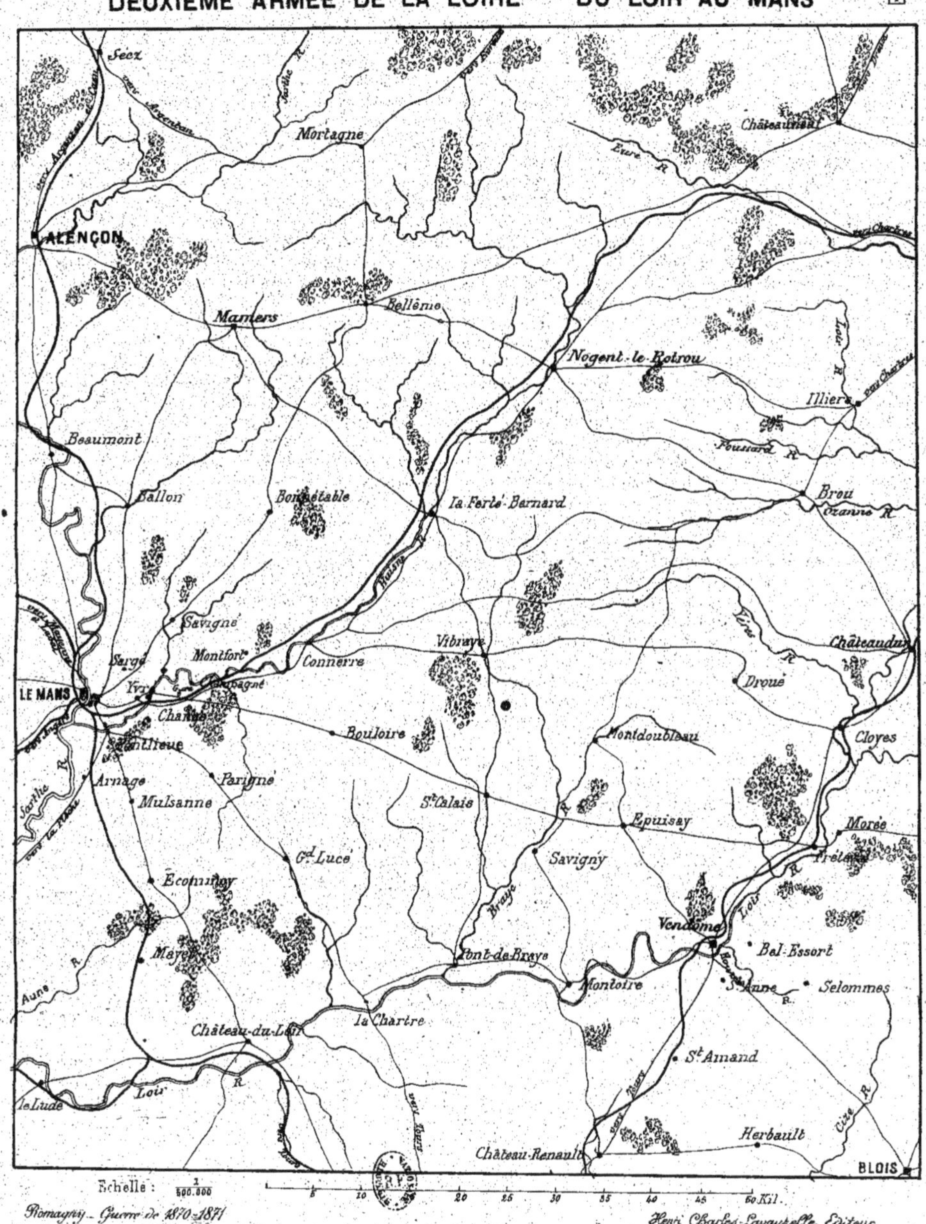

Échelle : $\frac{1}{500.000}$ — 5 10 15 20 25 30 35 40 45 50 Kil.

Romagny. — Guerre de 1870-1871

Henri Charles-Lavauzelle, Éditeur.

8

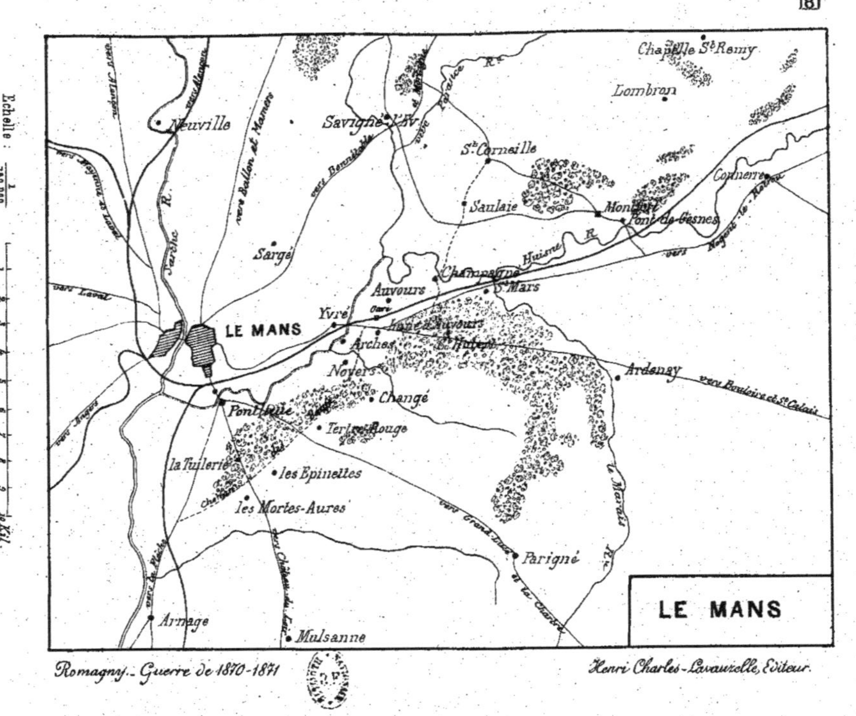

Romagny. - Guerre de 1870-1871

Henri Charles-Lavauzelle, Editeur.

DEUXIÈME ARMÉE DE LA LOIRE — DERNIÈRES OPÉRATIONS

9

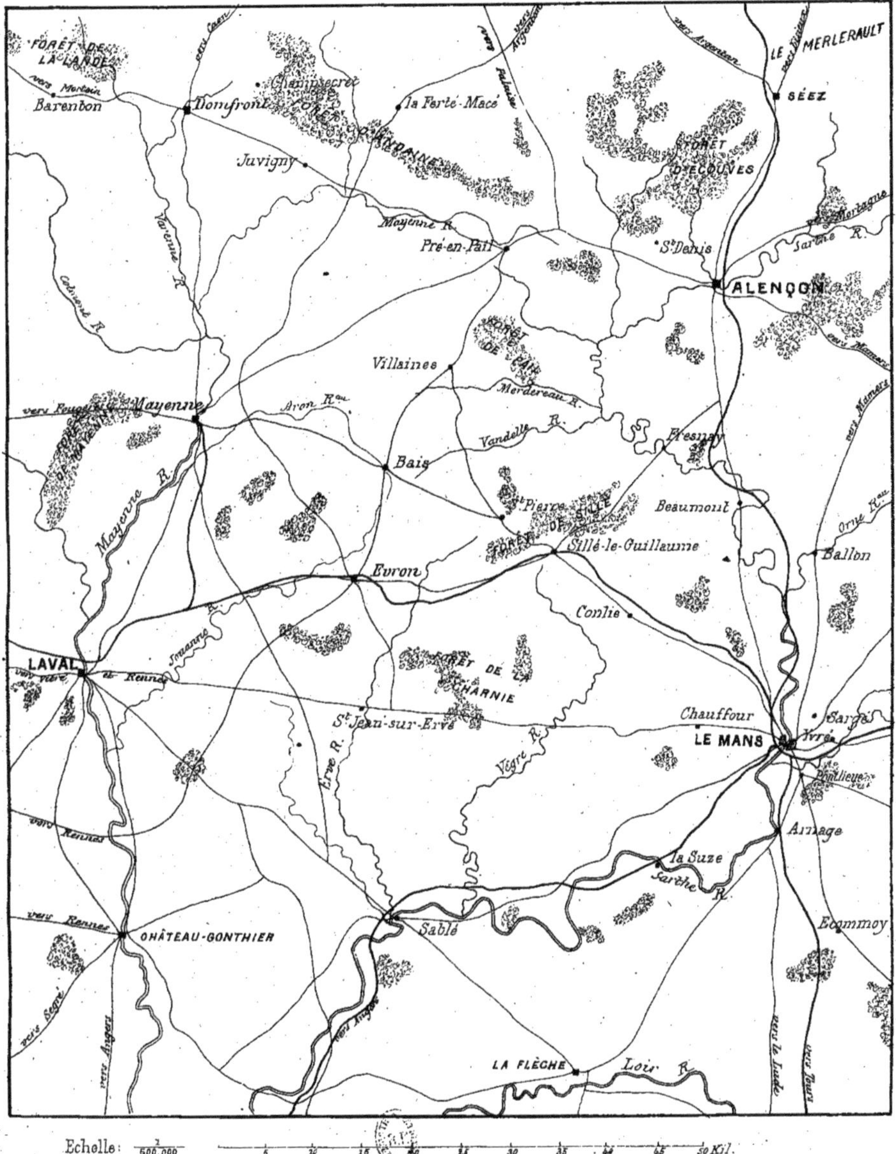

Romigny. _ Guerre de 1870-1871

Henri Charles-Lavauzelle, Editeur.

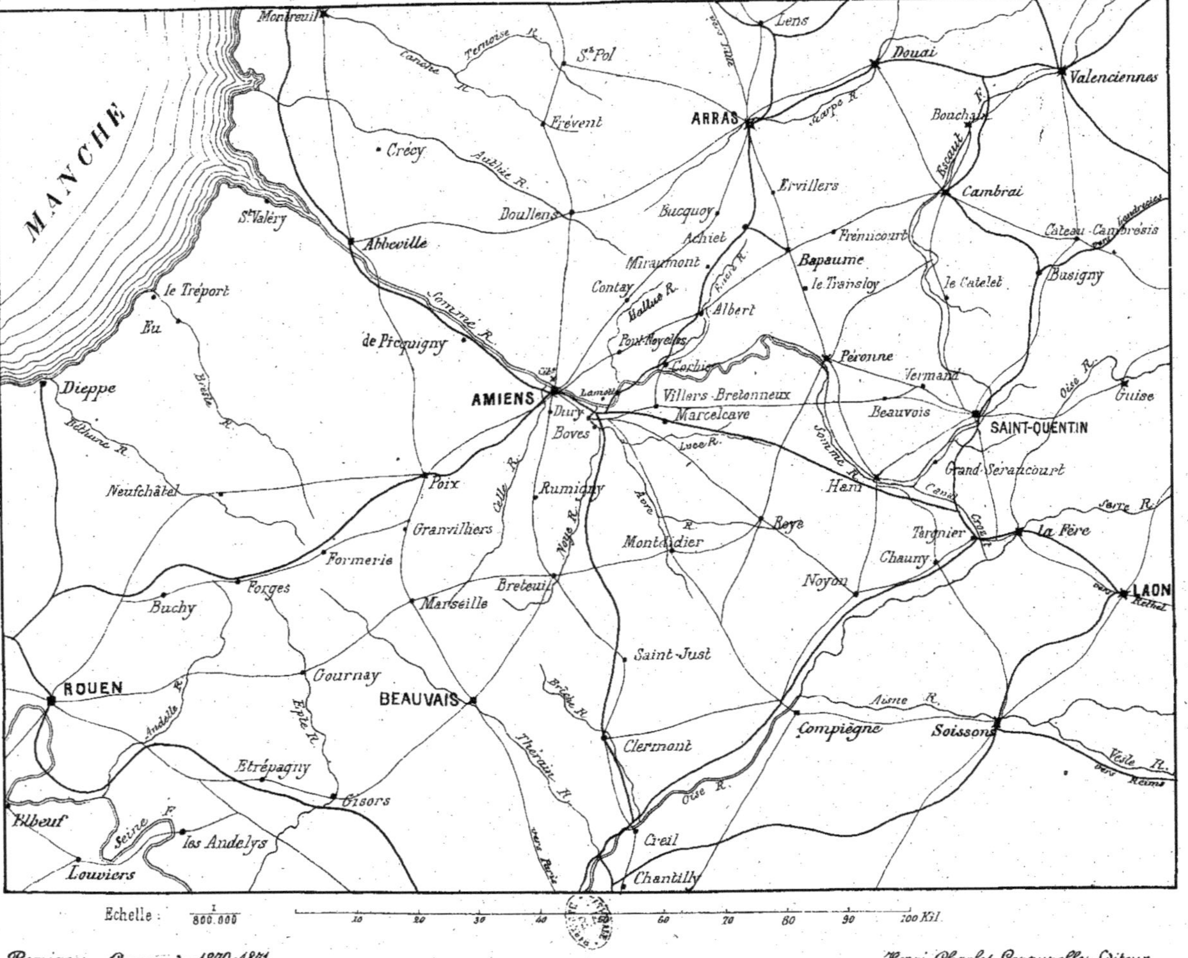

Echelle : $\frac{1}{800.000}$ 10 20 30 40 50 60 70 80 90 100 Kil.

Romigny. – Guerre de 1870-1871.

Henri-Charles-Lavauzelle, Éditeur.

BATAILLES DE L'ARMÉE DU NORD

11

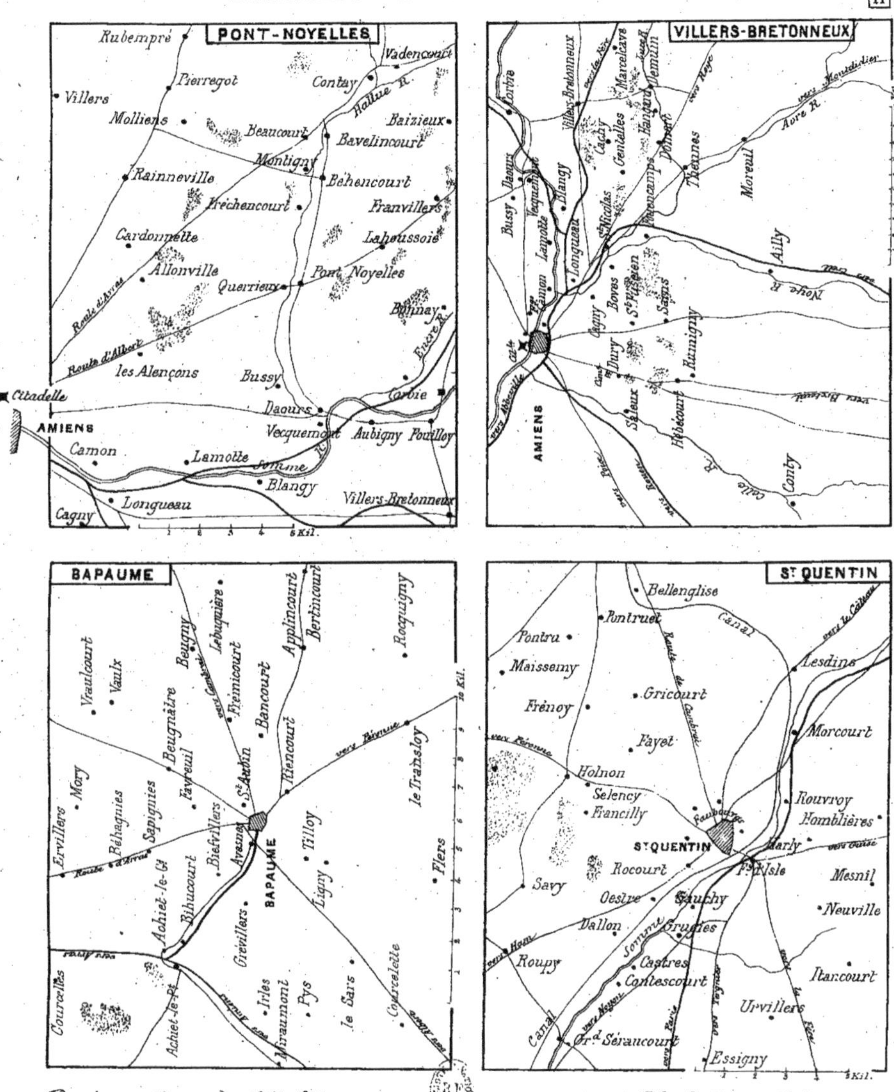

Romigny. _ Guerre de 1870-1871

Henri Charles Lavauzelle, Editeur

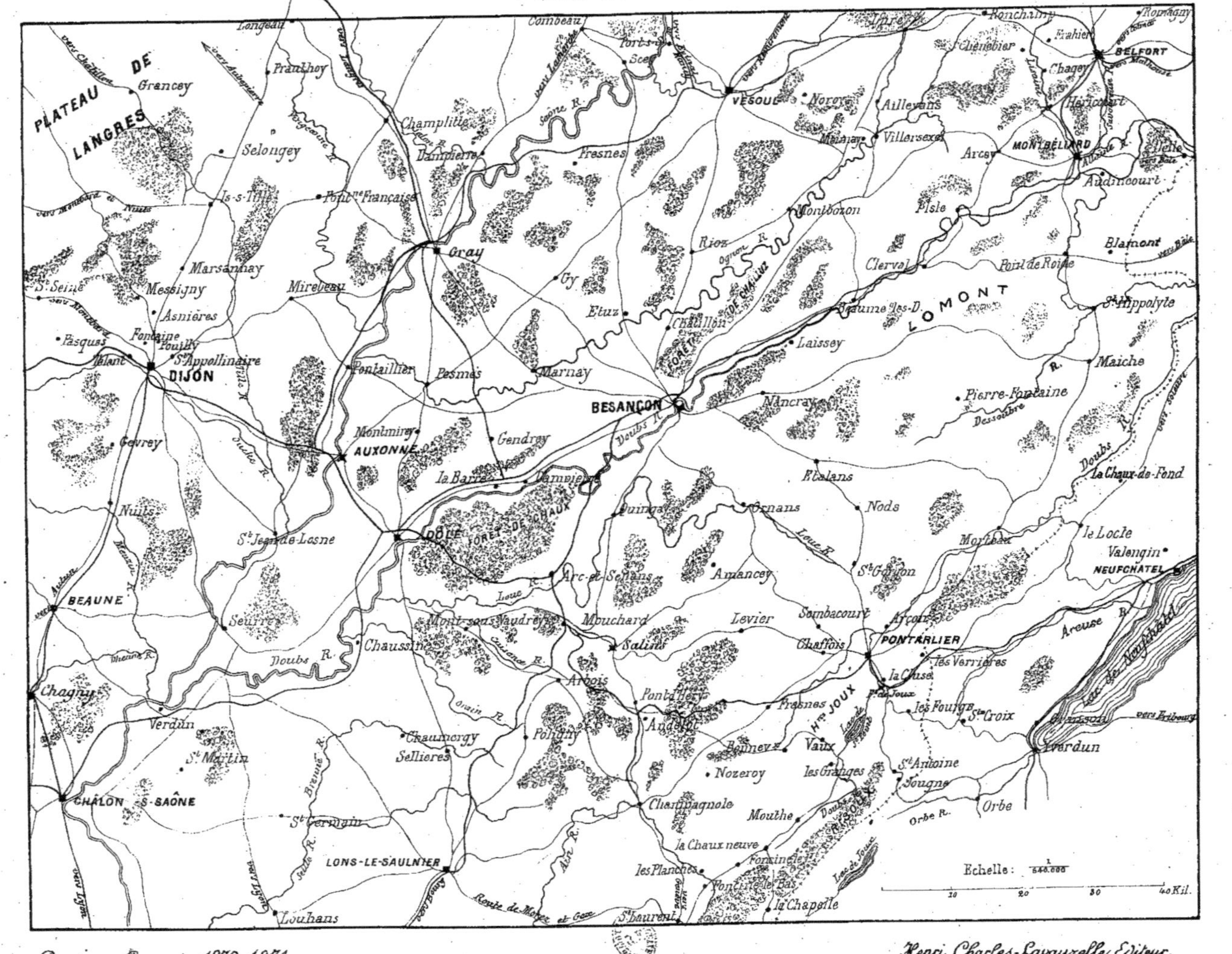

Romigny.— Guerre de 1870-1871

Henri Charles-Lavauzelle, Editeur.

BOURBAKI CONTRE WERDER

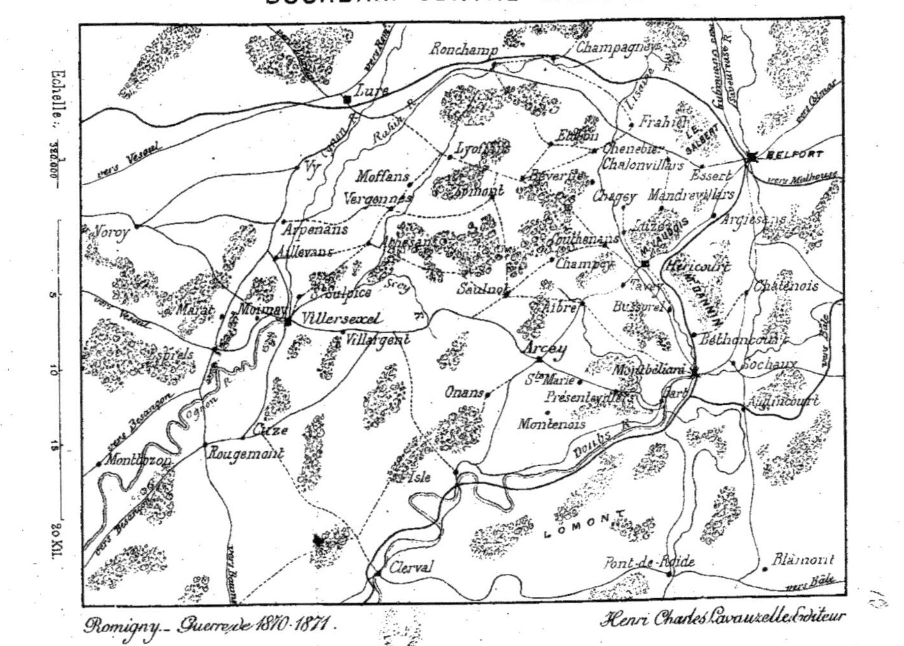

Romigny. – Guerre de 1870-1871.

Henri Charles-Lavauzelle, Éditeur

PARIS

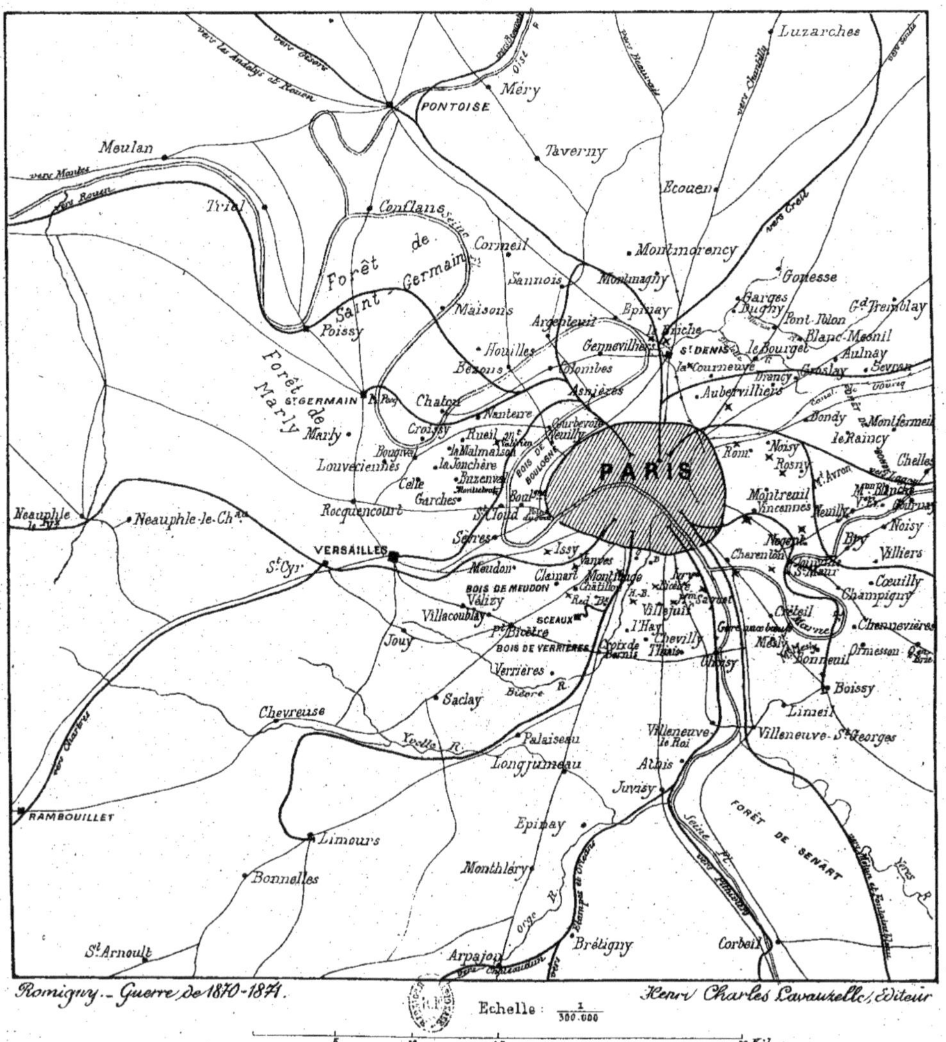

Romigny. – Guerre de 1870-1871.

Henri Charles Lavauzelle, Editeur

Echelle : $\frac{1}{300.000}$

5 10 15 30 Kil.

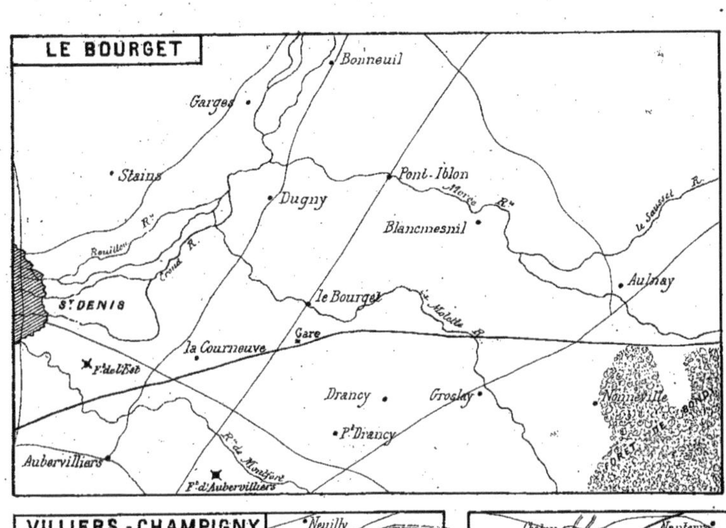

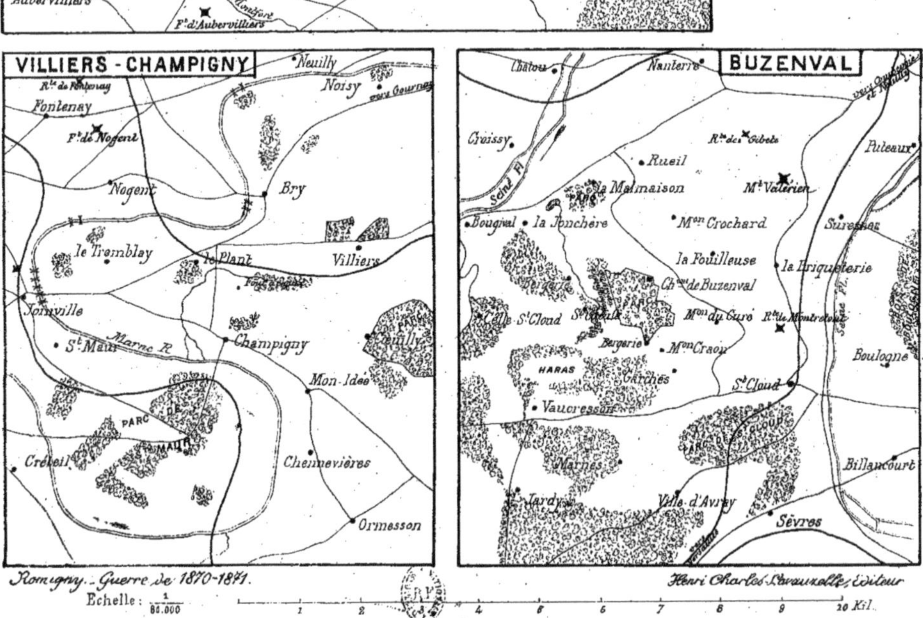

Romigny. _ Guerre de 1870-1871.

Henri Charles-Lavauzelle, Éditeur

Echelle : $\frac{1}{80.000}$ 1 2 3 4 5 6 7 8 9 10 Kil.

16

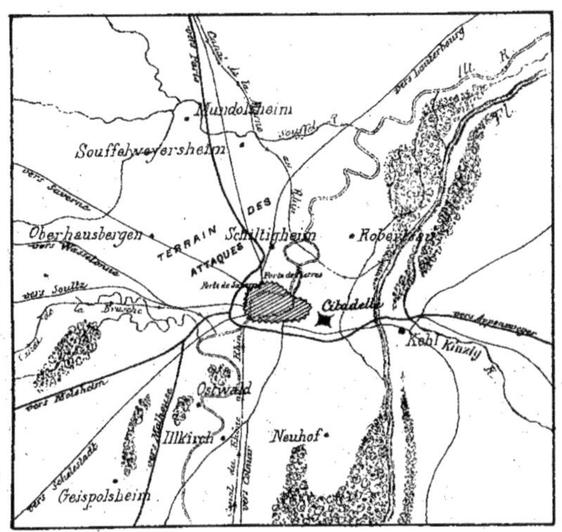

STRASBOURG

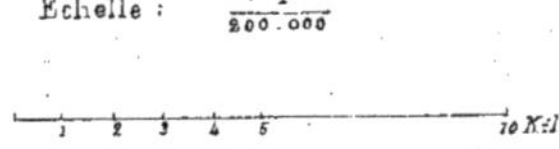

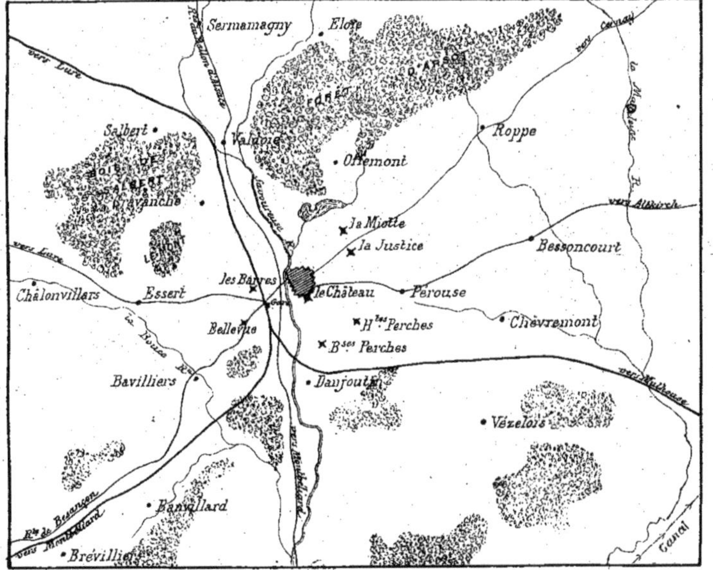

BELFORT

Echelle : $\frac{1}{120.000}$

1 2 3 4 5 10 Kil

Romigny _ Guerre de 1870-1871

Henri Charles-Lavauzelle, Éditeur

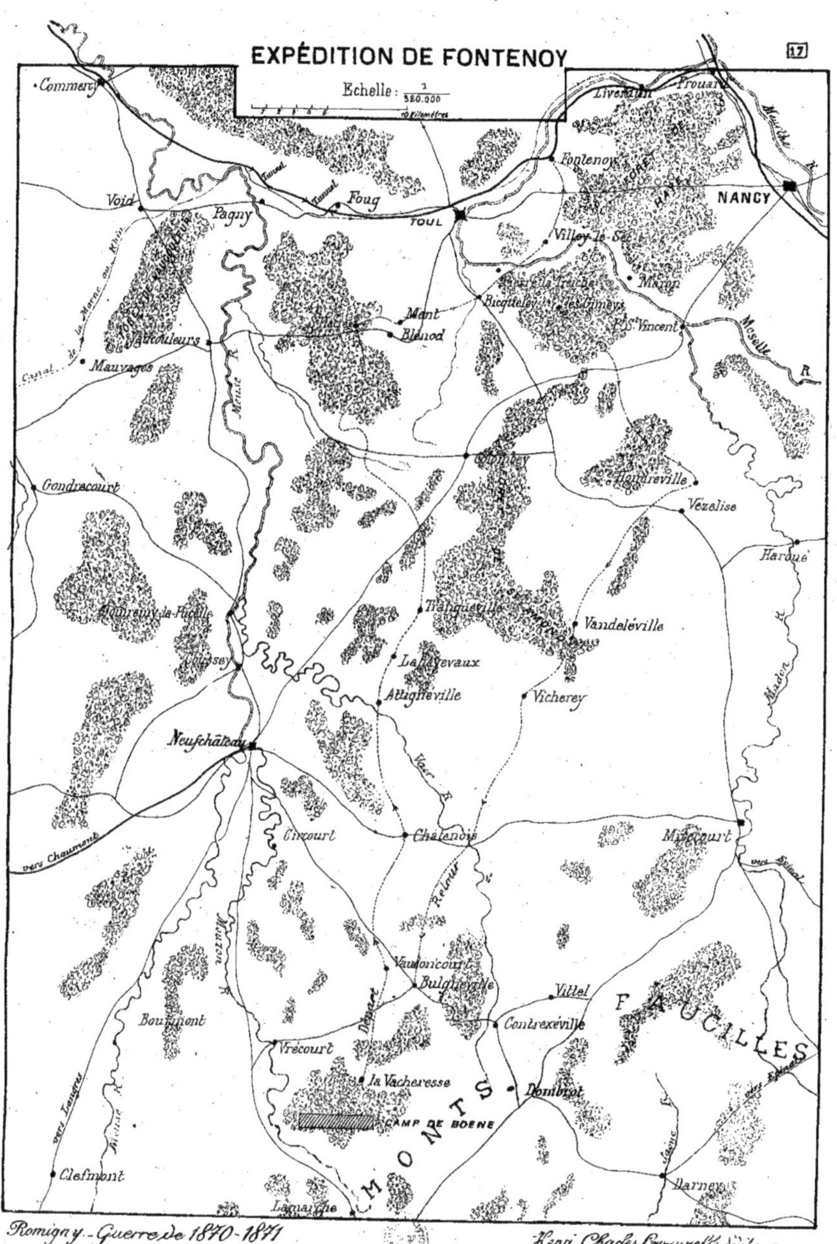
EXPÉDITION DE FONTENOY
17
Echelle :
Commercy
Liverdun
Frouard
Fontenoy
NANCY
Void
Pagny
Foug
TOUL
Villey-le-Sec
Maron
Bicqueley
Mont
Blénod
Vaucouleurs
Mauvages
Pt S. Vincent
Moselle R.
Meuse R.
Gondrecourt
Colombey
Vézelise
Haroué
Domremy-la-Pucelle
Coussey
Tranqueville
Vandeléville
Attignéville
Vicherey
Neufchâteau
Vair R.
Madon R.
vers Chaumont
Circourt
Châtenois
Mirecourt
vers Épinal
Retour
Vaudoncourt
Bulgnéville
Vittel
Contrexéville
Bourmont
Mouzon R.
Vrécourt
Départ
La Vacheresse
CAMP DE BOENE
Dombrot
MONTS FAUCILLES
vers Langres
Clefmont
Lamarche
Darney
Romigny. - Guerre de 1870-1871
Henri Charles-Lavauzelle, Éditeur

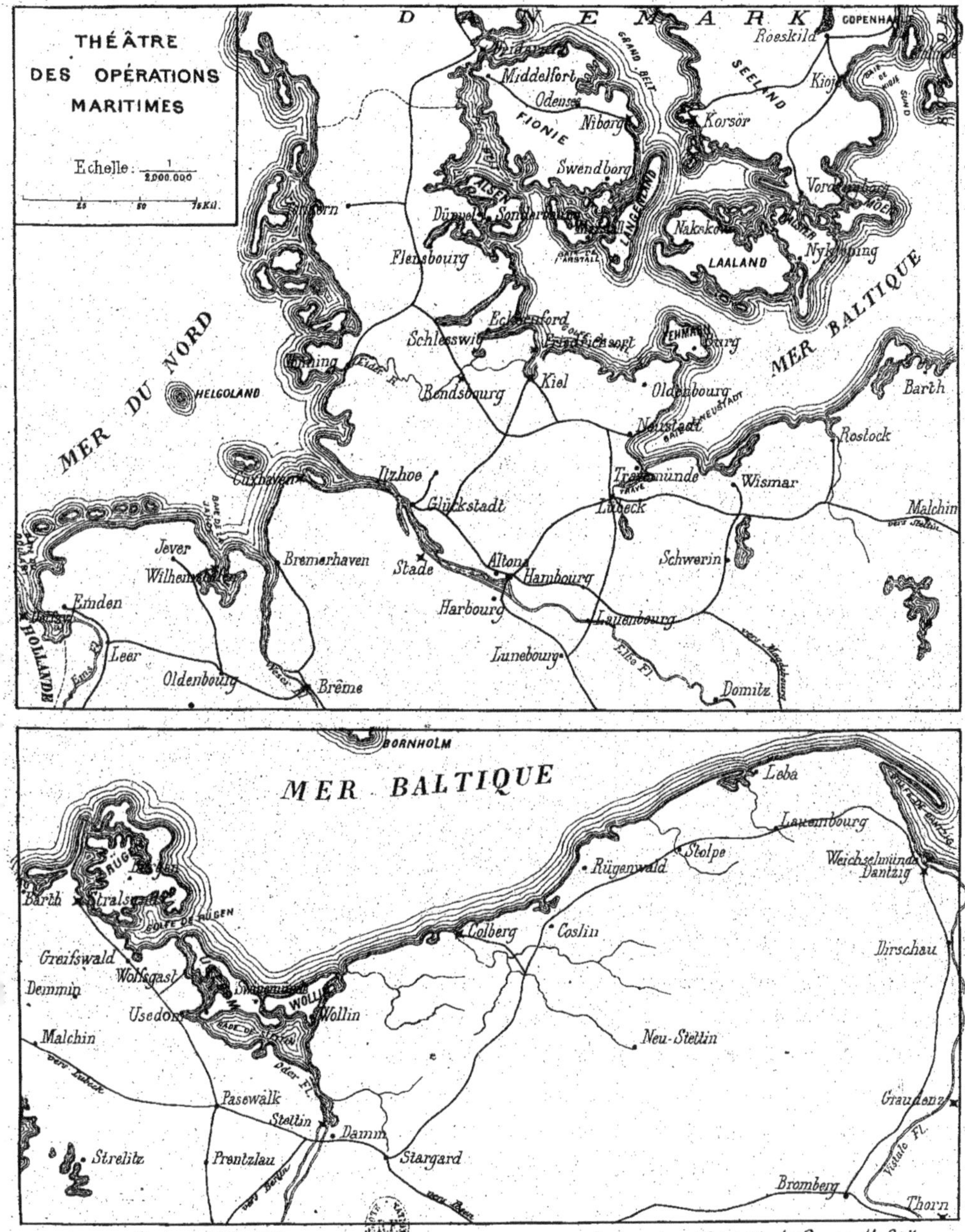

THÉÂTRE
DES OPÉRATIONS
MARITIMES

Echelle : $\frac{1}{2.000.000}$

DANEMARK
COPENHAGUE
Roeskild
SEELAND
Kioje
Middelfort
Odensee
FIONIE
Niborg
GRAND BELT
Korsör
Swendborg
LANGELAND
Vordingborg
MÖEN
Nakskov
LAALAND
Nykjöbing
Düppel
Sonderborg
Flensbourg
MER BALTIQUE
Eckernford
Schlesswig
Friedrichsort
FEHMARN
Burg
Kiel
Rendsbourg
Oldenbourg
Neustadt
Barth
Rostock
MER DU NORD
HELGOLAND
Cuxhaven
Itzhoe
Glückstadt
Travemünde
Wismar
Lubeck
Malchin
Jever
Wilhemshaven
Bremerhaven
Stade
Altona
Hambourg
Schwerin
Emden
Harbourg
Lauenbourg
HOLLANDE
Leer
Lunebourg
Elbe Fl.
Oldenbourg
Brême
Domitz

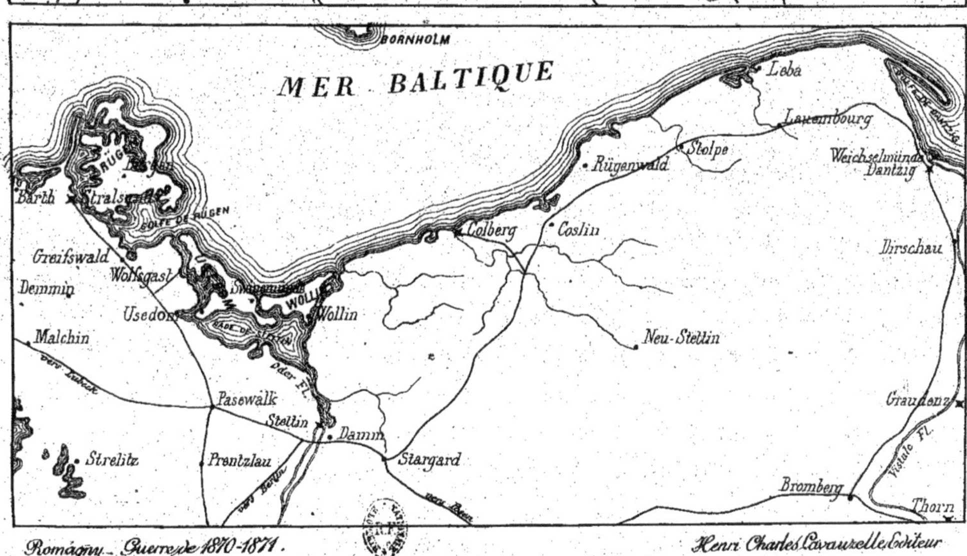

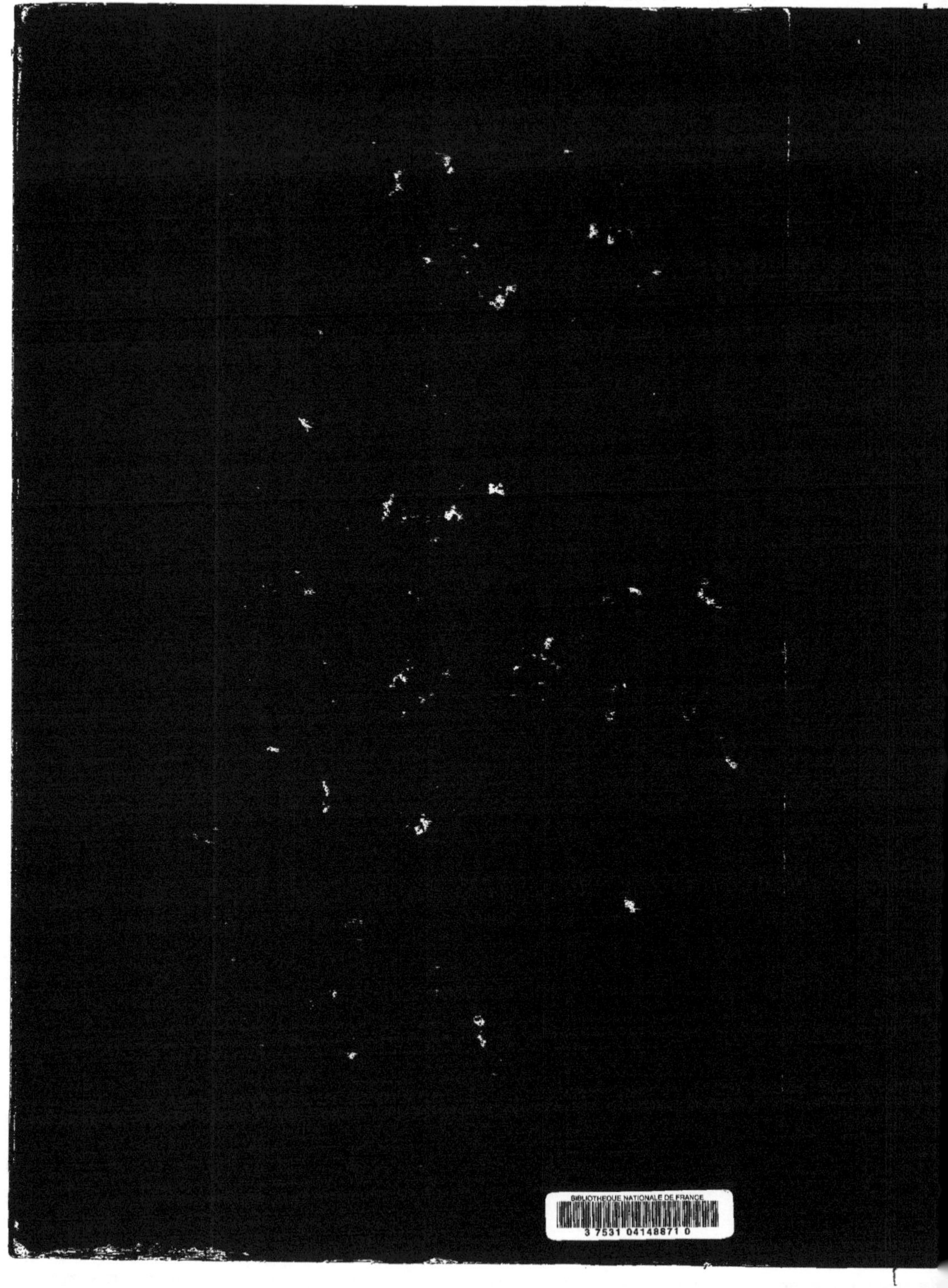

www.ingramcontent.com/pod-product-compliance
Ingram Content Group UK Ltd.
Pitfield, Milton Keynes, MK11 3LW, UK
UKHW021025200726
13857UKWH00004B/1584